La quinceañera

Gracias a la familia Torres por dejarnos compartir esta ocasión tan especial de su hija, Dulce.
Con cariño, Donna y Angie

Texto y fotos por
Donna L. Cuevas Roeder y Anjeanetta P. Matthews

Hoy es mi cumpleaños.

Mis padres me están dando

una quinceañera.

Llego a la iglesia y

saco fotos con mi familia

y mis padrinos.

Después, llego a la sala

de recepción. Veo mi foto

y los pasteles hermosos.

¡Qué deliciosos!

6

Ahora mis padres me van a presentar a los invitados. ¡Estoy un poco nerviosa pero también me siento muy entusiasmada!

Después, mi compañero y yo bailamos el vals.

También, los chambelanes y las damas empiezan a bailar.

Luego, mis padres me

coronan.

¡Me siento muy honrada!

Todo es maravilloso, pero

el momento más sentimental

es el baile con mi papá.

Empiezo a llorar porque estoy

pensando en mi niñez.

Después, bailamos toda la noche.

¡Estoy tan agradecida porque mis padres me dieron esta celebración!

¡Yo los quiero mucho!